반대 개념으로 배우는
어린이 철학 2 성격의 비밀

오스카 브르니피에 글
자크 데프레 그림 | 전혜영 옮김

미래i아이

● 차례 ●

생각이 많은 사람과 단순한 사람 4-9

이상주의자와 현실주의자 10-15

개인적인 사람과 사교적인 사람 16-21

신중한 사람과 활달한 사람 22-27

활동적인 사람과 관조적인 사람 28-33

정직한 사람과 교활한 사람 34-39

경험을 중시하는 사람과 정신을 중시하는 사람 40-45

안정을 중시하는 사람과 변화를 추구하는 사람 46-51

표현을 잘하는 사람과 과묵한 사람 52-57

불안정한 사람과 태평한 사람 58-63

우리는 어릴 때부터 자신이 누구인지 궁금해하고 그 답을 찾고 싶어 합니다.
그러면서 나 아닌 타인에 대해서도 알아가지요.
나와 비슷한 사람과 사귀기도 하고 성격이 완전히 다른 사람과 친구가 되기도 하고요.
그러다가 어느 순간 아무도 나를 이해하지 못하는 것 같고 눈앞에 벽이 서 있는 것처럼
막막할 때가 있습니다. 나 자신이 낯설게 느껴지기도 하고요.
이 책은 인간의 다양한 성격에 관한 이야기입니다.
우리는 이 책을 통해 나를 비롯한 다른 사람들의 다양한 성격에 대해 알아볼 것입니다.
사람의 성격을 아는 것은 나와 다르다고 생각하는 사람에 대해서 좀 더 알 수 있는
기회를 제공하고, 세상을 사는 방식이 매우 다양하다는 것을 깨닫게 합니다.
완벽해 보이는 사람에게서 단점을 발견하기도 하고,
반대로 결점 투성이인 사람에게서 훌륭한 면을 찾을 수도 있고요.

이 책에는 인간의 심리를 반영한 열 가지 성격과 그와 반대되는 성격이
소개되어 있습니다. 진지한 사람, 즐거움을 찾는 사람, 세상을 단순하게 보는 사람과
복잡하게 보는 사람 등등 정말 다양한 성격들이 나옵니다. 그동안 이해가 잘 가지 않아
인정하기 어려웠던 성격에 대해 확실하게 배울 수 있는 기회가 될 것입니다.

반대되는 성격이 지닌 각각의 특징과 장단점을 알아가는 동안
어떤 성격은 매력적이고 또 어떤 성격은 우리를 긴장하게 하기도 할 것입니다.
우리는 살아가면서 낯선 상황에 처할 때 자신의 새로운 모습을 발견하게 됩니다.
그래서 원래 성격과 너무 다른 내 모습에 당황하기도 하지요.
또 다른 사람한테서 내 모습의 일부를 보기도 하고,
내 안에서 다른 사람의 모습을 발견하기도 합니다.

이 책을 통해 인간의 여러 가지 성격을 연관 지어 생각해 보고
개인의 특징에 대해 알아가면서 진정한 우리의 모습을 들여다보았으면 합니다.

**세상에 보이지 않는 숨겨진 이면을 드러내려고 애쓰는 사람들에게
이 책을 바칩니다.** 오스카 브르니피에

생각이 많은 사람 | 단순한 사람 | 1

생각이 많은 사람은 세상이 수많은 부분으로 이뤄져 아주 복잡하다고 생각해요.

생각이 많은 사람은 사물을 보이는 대로 보지 않고 그 이면을 보려고 애써요.
왜냐하면 이들은 세상이 복잡하게 얽혀 있는 매듭과 같다고 보기 때문이지요.
그래서 늘 사물을 자세히 들여다보고 하나하나 분석하려고 해요.
또 이들은 사람들이 사물의 겉모습에 쉽게 속아넘어간다고 생각해요.
그래서 끊임없이 의심하고 모든 가능성을 고려하지요.

단순한 사람은 세상이 한결같고 분명하다고 생각해요.

단순한 사람은 사물을 눈에 보이는 그대로 믿어요.
이들은 굳이 일을 복잡하게 만들려고 하지 않아요.
앞으로 일어날 일에 대해서도 크게 걱정하지 않지요.
생각이 많은 사람처럼 모든 걸 하나하나 따지고 살피는 것도 좋아하지 않아요.
이들에게 세상은 잘 만들어진 조화로운 곳이기 때문이지요.

생각이 많은 사람 | 단순한 사람 | 2

생각이 많은 사람은 자기 자신은 물론 다른 사람에게 요구하는 것이 굉장히 많아요.
하지만 무엇이든 자세히 검토하고, 복잡한 상황을 완벽하게 이해하려고
하기 때문에 믿고 부탁할 수 있는 사람이기도 하지요.
그런데 때로는 너무 많은 것을 고려하고 생각하느라 막상 어떤 행동을 해야 할 때
망설이는 경향이 있어요. 또 세부적인 내용에 너무 집착하는 바람에
머리가 복잡해져 모순되는 말을 할 때도 있지요.

단순한 사람은 자신은 물론 다른 사람에게 크게 기대하는 게 없어요.
사물과 인간을 바라보는 시각이 매우 단순하고 명쾌하지요.
다른 사람보다 뛰어난 점이 있어도 잘 드러내려고 하지 않아요.
복잡한 것보다는 쉽고 단순한 방법을 찾으려고 하고,
자기가 알고 있는 것보다 더 많은 것을 알려고도 하지 않아요.
그래서 가끔은 순진해 보이기도 하지요.

이상주의자 | 현실주의자 1

이상주의자는 현실보다는 이상을 쫓는 사람이에요.

이상주의자는 세상이 불완전하다고 생각해요. 그래서 이치에 맞는 진실한 세상, 훌륭하고 아름다운 세상을 실현하려고 애쓰지요. 또 불가능한 일에 도전하는 걸 주저하지 않아요. 세상에 존재하는 것 중 가장 최상의 것을 보려고 노력하는 사람이라 할 수 있어요.

현실주의자는 세상을 있는 그대로 받아들이는 사람이에요.

현실주의자는 손으로 만질 수 있고, 양을 측정할 수 있는 물질적인 것을 선호해요.
또한 직접 확인이 가능하고 실제로 경험할 수 있는 현재의 일을 중요하게 여기지요.
모든 것을 객관적인 시각에서 보려고 애쓰고,
설령 처해진 현실이 마음에 들지 않더라도 받아들일 줄 아는 사람이에요.
그리고 실현 가능한 일, 꼭 필요한 일을 행동으로 옮긴답니다.

이상주의자 | 현실주의자 | 2

이상주의자는 그 열정에 있어서는 모든 이의 본보기가 되는 사람이에요.
특히 자기가 하려고 했던 일을 성공했을 때에 더욱 그렇지요.
이상주의자는 야심 찬 일에 도전하여 인류의 발전에 기여하기도 해요.
하지만 매번 생각을 행동으로 옮기는 것은 아니에요.
공상을 즐기는 이상주의자는 자신이 굳게 믿는 말과 관념에 사로잡혀
그와 반대되는 모든 것을 무시하는 경향이 있어요.
헛된 기대에 부풀어 있다가 실망을 할 때도 있지요.
그럴 때면 계획한 일을 아예 포기하거나 위험을 무릅쓰고서라도
끝까지 이상을 쫓기도 한답니다.

이상주의자 | 현실주의자 : 3

현실주의자는 자신이 눈으로 확인할 수 있는 것만 믿고,
확실하다고 생각되는 것에만 동의를 하는 사람이에요.
현실주의자는 다른 사람과 세상에 대해, 자신에 대해 허황된 꿈을 꾸지 않아요.
하지만 눈에 보이는 것만 믿기 때문에 보이지 않는 면에 대해서는 놓치기 쉬워요.
또한 미래에 대한 거창한 계획 같은 것에는 관심이 없어서 더 나은 세상을 만들기 위해
노력하거나 세상을 변화시키려고 고민하는 일도 거의 없답니다.

개인적인 사람 | 사교적인 사람　1

개인적인 사람은 자기 자신에게서 존재의 이유를 찾아요.

개인적인 사람은 개별적인 존재를 중시해요.
자신이 어디에 속하고 무엇을 하는지에 관심이 많지요. 행동을 할 때에도 자신의 생각과 이득,
계획에 따라 움직여요. 이들은 사람들이 다 자기 자신만 생각한다고 믿고 또 그게 당연하다고 여겨요.
누군가 자기를 위협하거나 경쟁 상대로 삼으면 자기를 보호하려는 경향이 강하게 드러나요.
하지만 사람들이 자기들 나름대로 행동하고 있다고 판단되면 굳이 자기보호를 하지 않아요.

사교적인 사람은 다른 사람과 함께 있을 때 존재감을 느껴요.

사교적인 사람은 사람들과 어울려 마음을 나누며
관계 맺는 것을 중요하게 여겨요. 가족과 국가도 무척이나 중요하게 생각하지요.
한마디로 사람들과 더불어 살아가야 하는 성격의 사람이에요.
이들은 상대방의 기분에 민감하게 반응하고 다른 사람의 마음에 들기 위한 행동을 많이 해요.
사람들한테 사랑받고 인정받고 싶은 욕구가 유달리 강하기 때문이지요.

개인적인 사람 | 사교적인 사람 : 2

개인적인 사람은 다른 사람의 마음에 들고 싶다거나 남이 자신을
어떻게 생각하는지에 별로 관심이 없어요. 매우 자유롭고 독립적이지요.
또한 책임감도 강해요. 하지만 자신이 관심 있어 하는 일을 찾아다니며
자기에게 유리한 방향으로 진행하기 때문에 자기 입장을 변호하는 경우가 많아요.
비록 그 일이 공동체의 도덕에 어긋나는 일이라 해도 말이지요.

개인적인 사람 | 사교적인 사람 | 3

사교적인 사람은 마음이 넓고 남을 많이 배려해요.
자신보다 남의 입장을 더 우선시할 때가 많지요.
또 이들은 감정의 교류와 공동체의 질서를 중요하게 여기기 때문에
집단에 쉽게 적응하고 공동체 생활도 잘해요. 하지만 남에게 상처를 주거나
반대로 상처받는 것을 너무 두려워해요. 그래서 자신의 솔직한 생각을 제대로
털어놓지 못할 때가 많아요. 이런 모습이 자신감 부족으로 나타나기도 하지요.
이들은 대개 다수의 생각과 행동에 따르는 쪽을 선호하는 편이에요.

신중한 사람 | 활달한 사람 | 1

신중한 사람은 살아가는 과정 하나하나가 다 의미 있고 중요하다고 생각해요.

신중한 사람은 어떤 결정을 내릴 때 매우 조심스럽게 확실히 검토한 다음에 내려요.
어떤 결정을 내리느냐에 따라 그 다음에 일어날 결과가 완전히 달라진다는 것을 알기 때문이지요.
이들은 자신이 시작한 일에 책임감을 느끼며 항상 최선의 결과를 얻기 위해 모든 에너지를 쏟아요.
그래서 일이 빈틈없이 완벽하게 진행되고 최종 목표에 이르기를 바라지요.

활달한 사람은 삶을 일종의 놀이라고 생각해요.

활달한 사람은 즐겁게 살려고 노력해요. 이들의 관심은 자유와 즐거움에 있어요.
개인적인 욕구나 욕망을 억제하고 금하는 일은 좋아하지 않아요.
위험을 무릅쓰며 과감한 도전도 서슴지 않고요. 물론 이것도 욕구에 충실하고자 하는 행동이지요.
또한 '우연'을 믿고 그것이 삶을 즐겁게 해 준다고 여겨요.

신중한 사람 | 활달한 사람 2

신중한 사람은 개인적인 욕망에 따라 행동하지 않고
약속한 일은 반드시 지키기 때문에 참 믿음직스러워요.
뭐든지 열심히 하는 노력파이기도 하고요.
매우 신중하게 행동하기 때문에 실패보다는 성공할 가능성이 높지요.
그런데 때로는 자기 자신에게 너무 엄격하고, 다른 사람에게도 까다로운 편이에요.
자신의 신념과 행동을 남에게 강요할 때도 있어요.

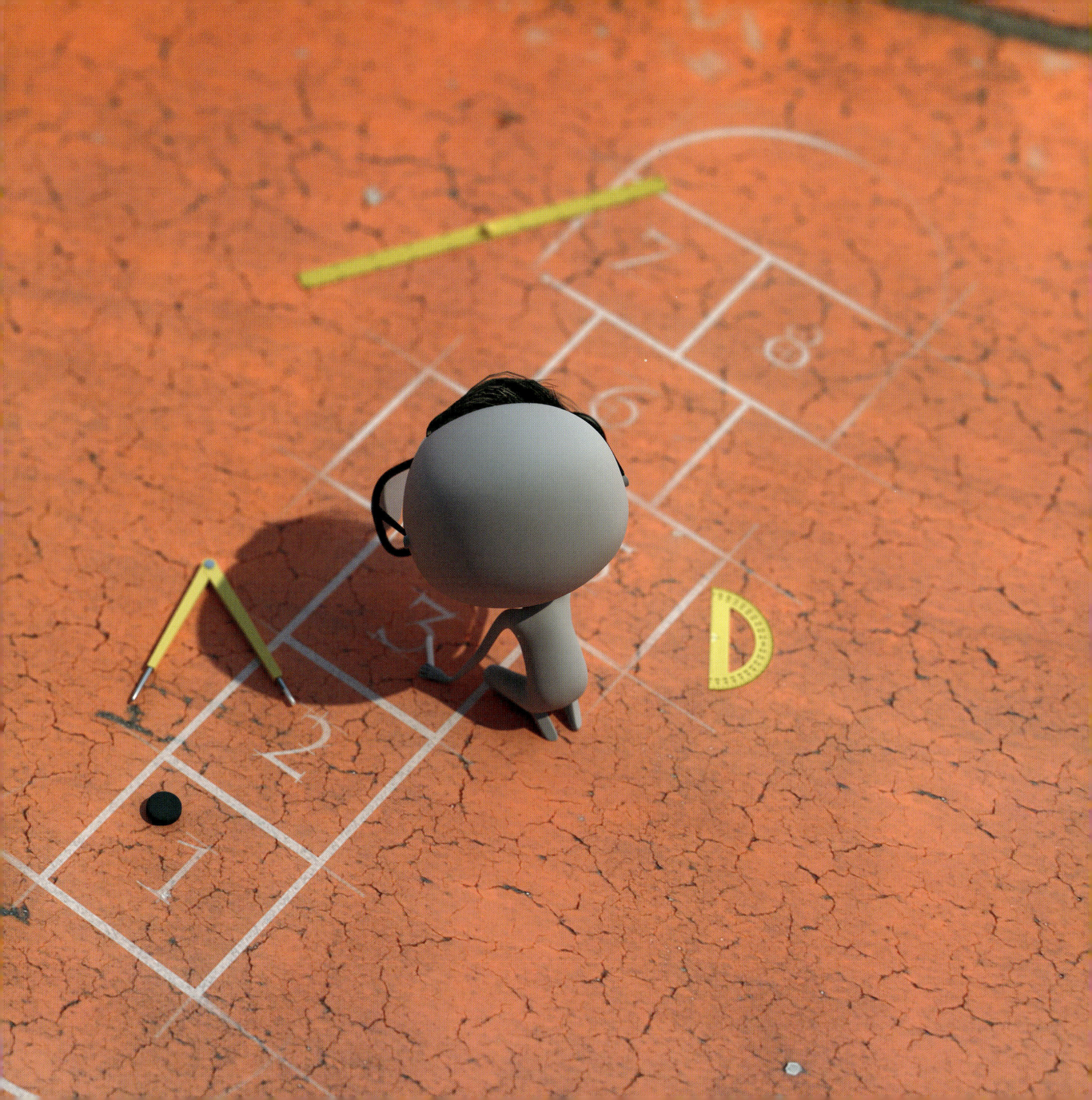

신중한 사람 | 활달한 사람 | 3

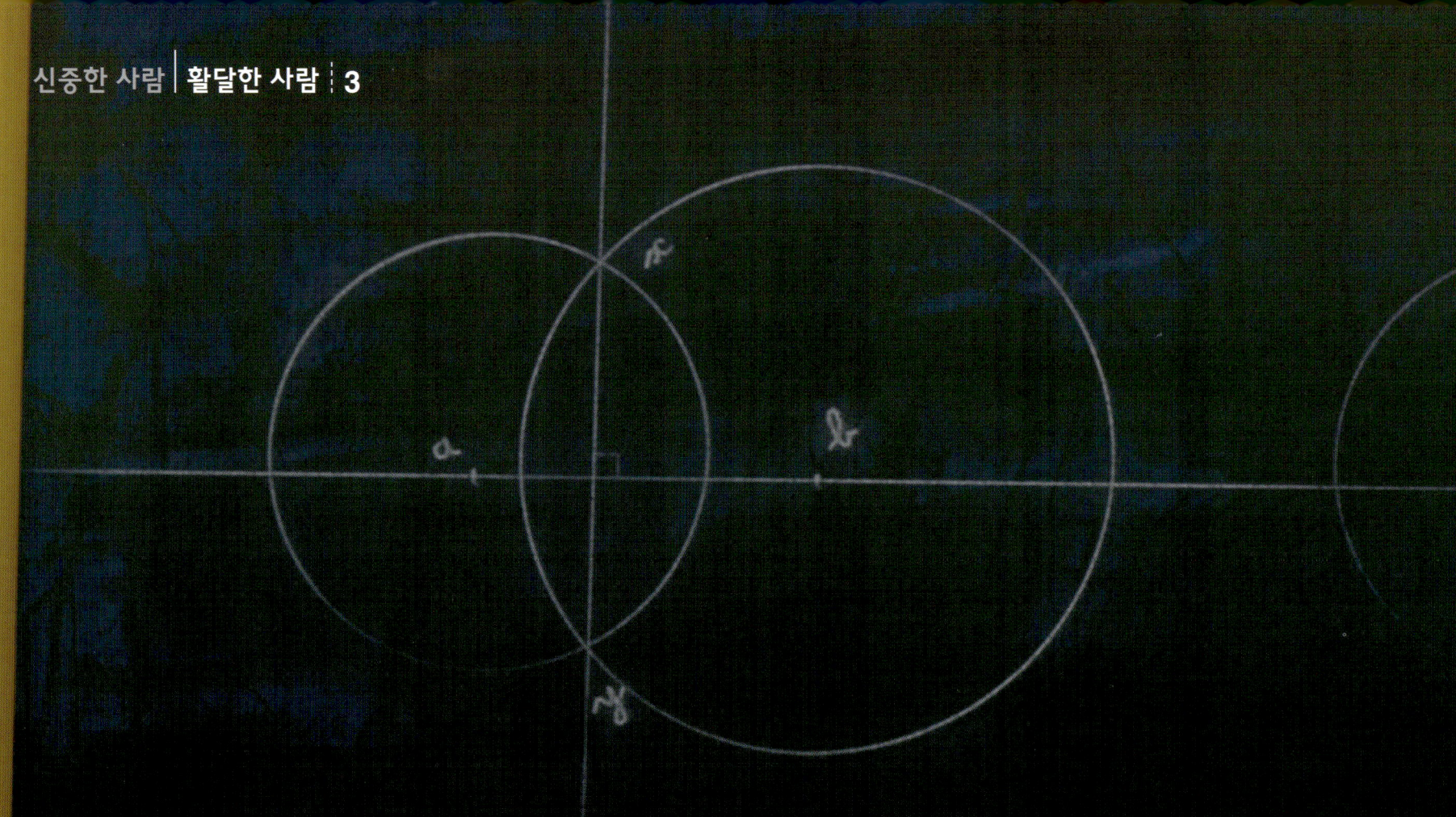

활달한 사람은 함께 있으면 참 유쾌해요.
인생의 밝은 면을 볼 줄 알고 다른 사람에게 무언가를 강요하는 일도 없지요.
유머 감각이 풍부해서 문제가 생겨도 가볍게 넘길 줄 알아요.
또 작은 것에 만족할 줄 알고 현재를 즐기며 살지요.
모험을 좋아하기도 하고요. 이들에게 심각한 일은 없어 보여요.
사람도 그렇고 모든 일을 단번에 가벼운 웃음거리로 만드는 재주가 있지요.
그래서 자신의 의도와 달리 남에게 상처를 줄 때도 있어요.
예측이 불가능한 성격에다 싫증을 잘 내는 편이기도 하고요.
지는 것을 몹시 싫어한답니다.

활동적인 사람 | 관조적인 사람 | 1

활동적인 사람은 인간은 끊임없이 활동하는 존재라고 생각해요.

활동적인 사람은 한시도 가만 있지 않아요. 항상 부지런히 움직이지요.
이들은 계획을 세우고 실천하면서 삶을 살아야 한다고 생각해요.
또 흥미롭거나 쓸모 있다고 생각되는 일, 좋은 일이나 필요한 일이 있으면 바로 행동으로 옮기지요.
자신이 직접 하지 않으면 일의 효율성이 떨어진다고 생각해서 솔선수범하는 경우가 많아요.

관조적인 사람은 고요한 마음으로 모든 것을 관찰하는 데 관심이 많아요.

관조적인 사람은 성격이 꽤 침착한 편이에요. 하지만 때로는 무기력한 사람으로 비춰질 때도 있어요.
무언가를 얻기 위해 활동적으로 움직이고 행동으로 옮기기보다는 사색하는 것을 좋아해요.
또 실용적인 것보다는 사상이나 예술 같이 정신적인 활동을 더 중요하게 여기지요.
이들은 현재를 즐기며 하루하루 주어진 일상에 만족해 한답니다.

활동적인 사람 | 관조적인 사람 2

활동적인 사람은 성격이 적극적이고 열정이 넘쳐요.
또 현실 감각이 뛰어나고 동시에 여러 일을 할 수 있지요. 하지만 일을 시작하면
빨리 끝내고 싶어 하는 경향이 있어서 일을 제대로 수습하지 못할 때도 있어요.
하지만 문제가 생겼을 때에는 책임감을 가지고 해결책을 찾아요. 남을 돕는 일에도 꽤 적극적이에요.
그러나 행동이 좀 느리고 수동적인 사람들을 가만히 내버려두지 않는 게 흠이에요.
남들도 자신처럼 행동하도록 강요하기 때문에 주변 사람들이 피곤하기도 하지요.

활동적인 사람 | 관조적인 사람 | 3

관조적인 사람은 여유를 가지고 삶을 즐기는 사람이에요.
성격이 조용한 편이고 매사에 침착하며 함께 있으면 마음을 편안하게 해 주지요.
악착같이 노력하거나 일이 잘 풀리지 않는다고 걱정하는 걸 별로 좋아하지 않아서
계획을 다음 날로 미루는 경향이 있어요. 끈기 있게 매달리는 법도 없고요.
그래서 시작한 일을 중간에 포기해 버리는 경우가 가끔 있답니다.

정직한 사람 | 교활한 사람 | 1

정직한 사람은 자신의 생각을 숨김없이 표현하고 자신이 한 말을 지키려고 해요.

정직한 사람은 항상 진실을 말하려고 하고 신념에 따라 행동해요.
비록 자신의 말과 행동이 문제를 일으킨다고 해도 말이지요. 이들은 다른 사람의 말이나 행동에
바로 반응을 하는 편이에요. 굳이 자신의 감정과 의도, 속마음을 숨기지 않지요.
모든 것을 자신의 잣대로 판단하고, 의견이 있으면 반드시 표현해야 직성이 풀리는 성격이기도 해요.
그만큼 자신의 감정과 의견에 대해 강한 확신을 갖고 있다는 뜻이에요.

교활한 사람은 자기에게 이롭다고 생각되는 일만 골라서 해요.

교활한 사람은 세상이 함정으로 가득 차 있다고 생각해요.
그래서 겉으로 보이는 것을 잘 믿지 않아요. 모든 것을 조심하고 모든 사람을 의심하지요.
또한 이들은 대체로 계산적이고 눈치가 빨라요.
다른 사람과의 갈등은 최대한 피하면서 자신이 원하는 것을 얻으려고 하지요.
물론, 자기가 필요할 때에는 갈등도 마다하지 않는답니다.

정직한 사람 | 교활한 사람 | 2

정직한 사람은 직설적이고 솔직하며 남을 이용하기 위한 말 같은 것은 하지 않아요.
친절하고 감수성이 풍부하며 정이 많은 편이지요. 그래서 그런 모습에 매력을 느끼고
호감을 갖는 사람들이 많아요. 하지만 늘 '좋은 사람', '진실을 말하는 사람'으로 보이고
싶어 해서 때로는 냉정한 판단력과 비판 정신이 부족하다는 말을 듣기도 해요.
또 자신의 행동이 어떤 결과를 가져올지 깊이 고민하지 않고 행동할 때가 많아서
다른 사람과 다투거나 웃음거리가 되는 경우도 가끔 있어요.

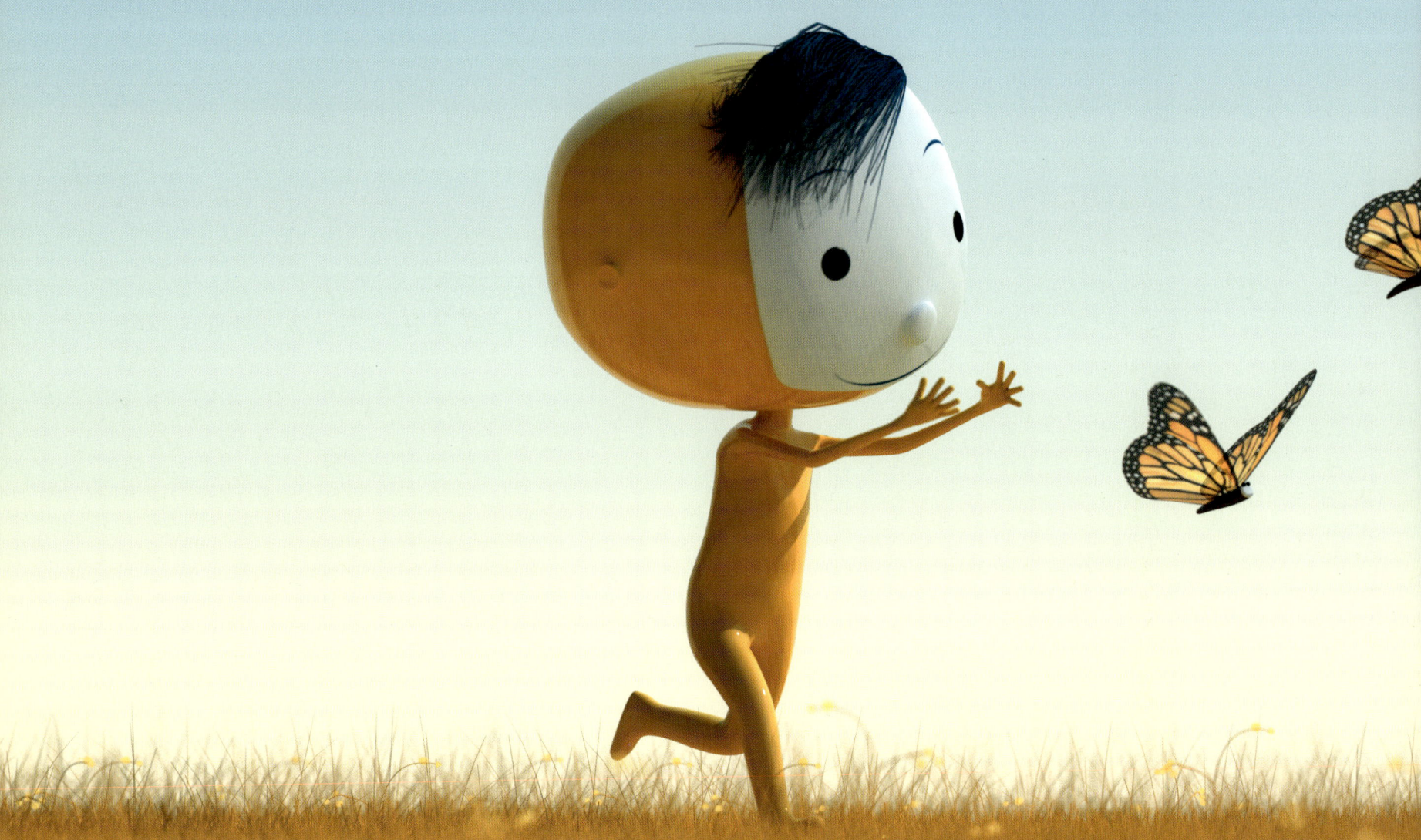

정직한 사람 | 교활한 사람 | 3

교활한 사람은 현실 감각이 매우 뛰어나요.

목적을 이루기 위해서라면 연기도 완벽하게 할 수 있지요.

이들은 자신의 말과 행동이 어떤 결과를 가져올지 너무나 잘 알아요.

세상이 어떻게 돌아가고 다른 사람들이 어떻게 반응할지도 뻔히 알고 있지요.

이들의 관심은 오직 자신에게 이득이 되느냐 아니냐에 있어요.

모든 일을 자신에게 유리한 방향으로 끌어가려고 하지요.

또한 자신의 목적을 이루기 위해서라면 수단과 방법을 가리지 않아요.

필요하면 거짓말을 하거나 남을 이용하기도 해요.

경험을 중시하는 사람 | 정신을 중시하는 사람　1

경험을 중시하는 사람은 경험하는 것이 곧 현실이라고 생각해요.

경험을 중시하는 사람은 실체 없는 관념을 믿지 않아요.
직접 만지고 느끼고 듣고 보고 맛보는 것을 좋아하지요.
그래서 세상과 접촉하면서 경험을 쌓고 싶어해요.
그게 더 믿을 수 있고 만족스럽기도 하고요.
또한 이들은 모든 감각에 주의를 기울이며 몸으로 체득하고 표현한답니다.

정신을 중시하는 사람은 생각만으로 모든 것을 이해하고 싶어 해요.

정신을 중시하는 사람은 현실을 정답을 찾아야 하는 수수께끼라고 여겨요.
그래서 현실을 잘 이해하는 것을 우선으로 하지요. 행동은 꼭 필요한 경우에만 하는 거라고 생각해요.
이들은 지적 활동에 관심이 많고 모든 대상에 이름을 붙여 주고 싶어 해요.
그래야 세상과 자기 자신을 더 잘 이해할 수 있다고 믿기 때문이지요.
이들에게 지식을 쌓는 일은 자신의 능력을 증명하는 최고의 방법이에요.

경험을 중시하는 사람 | 정신을 중시하는 사람 | 2

경험을 중시하는 사람은 다른 사람이 알려 준 정보보다
자기가 몸으로 부딪치면서 쌓은 경험을 더 믿어요.
그래서 위험한 일도 마다하지 않고 모든 일을 직접 시도해 보지요.
하지만 생각보다 행동이 앞서는 편이라 자신의 행동이
어떤 결과를 가져올지 별로 고민하지 못할 때가 많아요.
이런 경솔한 행동 때문에 좀 거칠어 보이기도 하지요.

경험을 중시하는 사람 | 정신을 중시하는 사람 | 3

정신을 중시하는 사람은 성격이 침착하고 분별 있는 사람이에요.
이들은 자신의 판단과 행동이 어떤 결과를 가져올지 잘 알아요.
창의력도 풍부한데다 자신과 다른 사람을 이해하는데 관심이 많아요.
또 지식에 대한 욕심도 엄청나요. 하지만 생각에 몰두해 있는 시간이 많아서
현실을 망각하기도 해요. 또 꼬리에 꼬리를 물고 이어지는 생각을 하느라
아무것도 못 하는 때도 많아요. 이들은 자신이 모든 것을 다 안다고 생각해서
때로는 차갑고 잘난 체하는 사람처럼 보이기도 한답니다.

안정을 중시하는 사람 | 변화를 추구하는 사람 | 1

안정을 중시하는 사람은 사람이든 사물이든 한결같은 것을 좋아해요.

안정을 중시하는 사람은 세상을 자신이 속해 있는 공간과 그렇지 않은 공간으로 나눠요.
자신이 익숙한 공간에서는 편안함을 느끼지만 낯선 공간에서는 불편함을 느끼지요.
이들은 자신의 생활 범위와 습관에서 벗어나는 일은 좀체 하지 않아요.
자신이 살아온 방식을 유지하면서 안정적으로 살고 싶어 하지요.
또 정해진 기간 동안 규칙적으로 활동하는 것을 좋아해요.

변화를 추구하는 사람은 언제나 변화와 다양함을 찾아요.

변화를 추구하는 사람에게 세상은 생활에 활력을 주는 새로움과 발견할 거리가 많은 곳이에요.
이들은 이미 잘 알고 있는 장소와 활동, 인간관계에 금방 싫증을 느껴요.
이들에게 반복된 삶은 지루함 그 자체예요.
또한 이들은 개성과 자유를 가장 중요하게 생각한답니다.

안정을 중시하는 사람 | 변화를 추구하는 사람 | 2

안정을 중시하는 사람은 자기계발에 별로 관심이 없어요.
하지만 약속을 잘 지키고 성실해서 다른 사람과 관계를 맺는데 유리하지요.
이들은 새로운 것을 찾는 모험을 하기보다는 반복되는 삶에 편안함을 느껴요.
자신이 보기에 이상하거나 낯선 일에 대해서는 관여하지 않을 정도로 신중한 편이지요.
습관과 전통에 구속되어 살기 때문에 다소 긴장한 것처럼 보이거나 경직된 인상을 주기도 해요.

안정을 중시하는 사람 | 변화를 추구하는 사람 | 3

변화를 추구하는 사람은 새로운 상황에 빨리 잘 적응해요.
상상력과 새로운 일을 추진하는 능력도 매우 뛰어나지요.
또한 늘 열린 마음으로 혁신을 받아들이기 때문에 사회가 진보하는 데
꼭 필요한 사람이에요. 하지만 자신의 기분과 직관에 따라
행동이나 의견이 곧잘 바뀌는 경향이 있어서 변덕스러워 보이기도 해요.
그래서 가끔은 반사회적인 사람처럼 보이기도 한답니다.

표현을 잘하는 사람 | 과묵한 사람 | 1

표현을 잘하는 사람은 늘 남이 자신을 봐 주고 자신의 얘기를 들어주길 원해요.

표현을 잘하는 사람은 말이나 그림 또는 행동이나 예술 창작품으로 자신을 마음껏 잘 표현해요.
자신의 존재를 세상과 사람들에게 모두 보여 주고 이야기하고 싶어 하지요.
항상 남의 시선을 받고 싶어 하고요. 또 대화 나누는 것을 좋아해요.

과묵한 사람은 웬만해서는 자신의 생각을 잘 드러내지 않아요.

과묵한 사람은 말이 사실을 왜곡할 수 있고 현실을 잘못 묘사할 수 있다고 여겨요.
말 때문에 보여 주고 싶지 않은 자신의 모습이 드러날 수도 있다고 생각하지요.
그래서 말을 아끼거나 매우 조심해요.
꼭 필요한 말만 하거나 자신이 하는 말에 확신이 있을 때에만 입을 연답니다.

표현을 잘하는 사람 | 과묵한 사람 | **2**

표현을 잘하는 사람은 함께 지내기에 참 좋아요.
사람을 좋아하고 자연스러운 대화를 유도할 줄 알거든요.
이들은 자신이 누구이고 무엇을 하는지 전혀 감추지 않아요.
외향적이고 자신을 과시하고픈 욕심에 쓸데없이 말을 많이 할 때도 있어요.
자기중심적인 면이 강하고 자신의 생각을 고집하는 편이어서
다른 사람의 말을 귀담아 듣는데 서툴러요.
하지만 다른 사람이 자신에 대해 얘기할 때에는 귀를 쫑긋 기울인답니다.

과묵한 사람은 타인의 자유를 존중하고,
비밀을 끝까지 지킬 정도로 입이 무거워요.
그리고 남들 위에 군림하는 것을 바라지 않는데,
겉으로 보면 다른 사람을 존중하기 때문에 그러는 것 같지만
알고 보면 성격이 매우 소심해서 그럴 경우가 많아요.
남이 자신을 신랄하게 공격하거나 피해를 줄까 두려워서
자신이 하고 싶은 말을 제대로 하지 못하는 것이지요.
하지만 적절한 때를 찾으면 언제 그랬냐는 듯이 침묵을 깨고
자신이 하고 싶은 말을 하기도 한답니다.

불안정한 사람 | 태평한 사람 | 1

불안정한 사람은 모든 것을 걱정해요. 사소한 일까지도요.

불안정한 사람은 편안하게 쉴 틈이 없어요. 현재 일어나고 있는 일, 미래에 일어날 일,
앞으로 일어날 가능성이 있는 일, 심지어 과거에 일어난 일에 대해서까지 생각하고 걱정하느라 바쁘지요.
이들은 모든 일에 안심을 못하고, 평소에도 만족해 하는 법이 없어요.
어디에서든 문제점을 찾고 아주 소소한 부분까지도 고민하지요.
그리고 자신이 뭔가 중요한 것을 잊어버릴까 봐 늘 초조해 해요.

태평한 사람은 항상 침착하고 냉정한 태도를 유지해요.

태평한 사람은 어떤 상황에서도 유연하게 대처해요.
기대하는 것이 없기 때문에 크게 흔들릴 일이 없지요. 운명에 순응하며 사는 이들은
좋은 일이든 나쁜 일이든 어차피 일어날 일이라면 언젠가는 꼭 일어난다고 생각해요.
그러다 보니 스트레스를 덜 받는 편이에요. 또 소란을 피우거나 피해를 주는 일도 하지 않지요.
이들은 외부의 변화에 흔들리지 않기 위해 주어진 상황에 적응하는 법을 잘 알고 있답니다.

불안정한 사람 | 태평한 사람 | 2

불안정한 사람은 모든 것을 고려하려고
애쓰기 때문에 언제나 생각이 많아요.
성격이 급한 편이고 반응도 빠르지요.
끊임없이 생각을 하면서도 전혀 피곤해 하지 않아요.
오히려 남들이 하지 않는 생각을 잘하며 여러 가지 질문을 하지요.
가끔은 기상천외한 질문을 할 때도 있어요.
이들은 불확실한 것을 정말 싫어하면서도
정작 모든 것에 확신을 갖지 못해요.
그래서 자주 불만을 토로하고 불행하다고 여긴답니다.

불안정한 사람 | 태평한 사람 : 3

태평한 사람은 갈등을 좋아하지 않아요.

갈등이 없어야 편안하게 살 수 있기 때문이지요.

이들은 있는 그대로의 세상을 즐기며 하루하루 사는 법을 잘 알고 있어요.

그래도 필요한 경우에는 무언가를 얻기 위해 열심히 노력하지요.

성격이 낙관적이라 애써 주변 상황을 바꾸거나 자신의 계획을 이루기 위해

아등바등하지 않아요. 그래서 가끔은 에너지와 열정이 부족한 사람처럼 보일 때도 있어요.

한마디로 이들은 육체적인 안락과 정신적인 편안함을 추구하는 사람이라고 할 수 있어요.

그러다 보니 자기중심적인 사람처럼 보이기도 하지요.

글쓴이 오스카 브르니피에

철학 박사이자 교육자로 여러 나라에서 일하면서 어른들을 위한 철학 강좌와 어린이들을 위한 철학 실습을 해 왔습니다.
지은 책으로는 청소년들을 위한 「철학 연습」 시리즈와 『청소년들 사이의 철학적 질문들』, 어린이들을 위한 「어린이 철학」 시리즈와
『철학을 배우는 작은 앨범』, 『대화를 통해 가르치기』, 『초등학교에서 철학 가르치기』 등이 있습니다.

그린이 자크 데프레

보석 세공인 집안에서 태어났지만 그 길을 가지 않고 보자르 예술 학교에 들어가 미술을 배웠습니다.
1990년대에는 가상 이미지 분야를 새롭게 공부하기 시작했고, 그로부터 몇 년 동안 다큐멘터리 영화를 비롯해 비디오 게임,
건축, 무대 장식 분야에서 일했습니다. 현재는 공간과 몸, 빛에 관한 수년간의 연구 결과를 바탕으로 어린이 책에 그림을 그리고 있습니다.

옮긴이 전혜영

이화여자대학교 불어불문과를 졸업하고, 프랑스 헨느 II 대학에서 불문학 석사, 박사 과정을 수료했습니다.
잡지와 어린이 책 전문 번역가로 활동 중입니다. 옮긴 책으로는 『멋진 내 도구 상자 안에는』, 『뽀뽀』, 『하늘을 나는 코끼리』 등이 있습니다.

반대 개념으로 배우는 어린이 철학 2 - 성격의 비밀

1판 1쇄 인쇄 2011년 10월 20일 | 1판 3쇄 발행 2014년 9월 5일
글쓴이 오스카 브르니피에 | 그린이 자크 데프레 | 옮긴이 전혜영 | 펴낸이 박혜숙 | 펴낸곳 미래 M&B
총괄이사 이도영 | 편집책임 이지안 | 디자인 이정하 | 영업관리 장동환 김대성 김하연
등록 1993년 1월 8일(제10-772호) | 주소 마포구 동교로 134 미진빌딩 2층(서교동 464-41) | 전화 02-562-1800 | 팩스 02-562-1885
전자우편 · mirae@miraemnb.com | 홈페이지 · www.miraei.com
트위터 · @miraeibooks | 네이버 카페 · cafe.naver.com/miraeibooks
ISBN 978-89-8394-679-9 73100 | 값 14,000원

* 잘못 만들어진 책은 바꾸어 드립니다.

아이의 미래를 여는 힘, **미래 i 아이**는 미래 M&B가 만든 유아·아동 도서 브랜드입니다.

Le livre des grands contraires psychologiques

Copyright ⓒ 2010 by Éditions Nathan, Paris-France
Édition originale : LE LIVRE DES GRANDS CONTRAIRES PSYCHOLOGIQUES
Le site internet de l'auteur, Oscar Brenifier : www.brenifier.com
All rights reserved.

Korean Translation Copyright ⓒ 2011 by Mirae Media&Books Co., Ltd.
Korean edition is published by arrangement with Éditions NATHAN through Imprima Korea Agency

이 책의 한국어판 저작권은 Imprima Korea Agency를 통해 저작권사와 독점 계약한 미래 M&B에 있습니다.
저작권법에 의해 한국 내에서 보호를 받는 저작물이므로 무단 전재와 무단 복제를 금합니다.